AF665503

Sternenmeer & feine Fühler

... Gedichte, Geschichten und Textpassagen

gefühlvoll, farbenreich und bis ins Detail

Gern kannst Du mich auf meiner Webseite besuchen:
www.dittrich-art.de

– das allergrößte Geschenk –

besteht für mich darin, mein inneres Buntsein immer mehr zu entdecken und dabei in unendliche Weiten zu tauchen und all dies im künstlerischen Selbstausdruck heilsam nach außen zu schwingen.

FSC
www.fsc.org
MIX
Papier aus verantwortungsvollen Quellen
Paper from responsible sources
FSC® C105338

Bibliografische Information der Deutschen Nationalbibliothek: Die Deutsche Nationalbibliothek verzeichnet diese Publikation in der Deutschen Nationalbibliografie; detaillierte bibliografische Daten sind im Internet über dnb.dnb.de abrufbar.

Herstellung und Verlag: BoD – Books on Demand, Norderstedt

ISBN: 9783759743961

Inhaltsverzeichnis

Vorwort

Natur * Stille * Verbundenheit * Harmonie
Einklang * Frieden

Für dieses Buch sind Gedichte, Kurzgeschichten und Textpassagen entstanden.
Sie beschreiben – in ihrer jeweiligen Form – mein buntes Fühlen, eingesammelte Erfahrungen, Naturmomente und mein Erkennen von verschiedensten Zusammenhängen.

Die Texte beleuchten dafür meine ganz eigene gefühlte Sicht, beschreiben Erlebnisse, ... vor allem die feinen, kleinen Dinge ...

Ich lebe derzeit auf der Insel Usedom am Meer und biete da und an anderen Küstenorten ein Intuitives Malchoaching (mit bewussten Stillemomenten) für Einzelpersonen und Kleingruppen an.

Täglich gehe ich zum Meer und tauche in seine Farben, seine Wildheit und Stille ein, je nachdem, wie sich mir die atmosphärische Stimmung gerade zeigt.
Es schenkt mir Kraft, Entspannung und viel Freude.
In der Stille mit mir erlebe ich Verbundenheit mit allem Sein & Harmonie.

Es ist wunderbar am Meersaum entlang zu schlendern, oft steigen dabei Impulse (Ideen, Erkenntnisse, Wünsche...) in mir auf, die mich dann auf meinem Weg wieder ein Stück weiterbringen.

Momente wie diese lehren mich, die Natur und lebendige Vielfalt noch feiner & detaillierter, auch bunter zu sehen.
Mein Sichtfeld wurde somit – von innen heraus – weiter, weicher & geschärfter.

Wir erleben derzeit einen gravierenden Wandel und auch ich verändere mich fühlbar täglich weiter.
Wir Menschen dürfen lernen, uns diesem hinzugeben und uns aus alten Vorstellungen zu lösen, wie etwas zu sein hat.

Eine offene weiche Sicht und wertschätzende Kommunikation untereinander, trägt dazu bei, eine friedliche Stimmung in unserem Umfeld zu kreieren.
Somit können wir alle verantwortungsvoll ein Stück weit Frieden schaffen.

Die Texte & Bilder in meinem Buch spiegeln meine tiefe Liebe & Verbundenheit zur Natur wieder.

Ich erlebe heilsame Entspannung inmitten von Pflanzen, Tieren, dem Meer ... und halte natürliche Lebensräume für außerordentlich schützenswert.
Nicht nur allein wir Menschen leben auf dieser Erde, sondern auch Tiere und Pflanzen besiedeln diese.

Ideen werden von mir somit auch inmitten der Natur und ihrem harmonischen Schwingen geboren.

Gern möchte ich meine feinen detaillierten Erfahrungen mit Euch liebe Leserinnen und liebe Leser teilen und auch dazu ermuntern, neugierig und unbedarft jeden Tag auf´s neue die kleinen Wunder der Natur liebevoll zu besehen.

Herzliche Grüße Heike Dittrich

blaue Schmetterlinge

Ich sitze an einem warmen Frühsommertag auf einer alten bröseligen Steintreppe am Fluss. Meine Beine baumeln behaglich in der Sonne. Ich genieße meine Pause, habe den nächsten Termin in anderthalb Stunden.
Das Wasser vor mir flimmert silbrig. Eine warme verheißungsvolle Stimmung liegt in der Luft. Ich schreibe in ein kleines Heft, welches ich immer bei mir trage.
Der Bleistift flitzt Zeile um Zeile, ich höre sein kratzendes Geräuch auf dem Papier.
Hin und wieder schaue ich auf, beobachte allerlei Treiben im Wasser und an den grünen Uferschwüngen.
Plötzlich tauchen einige blaue Schmetterlinge auf, knapp über der Wasseroberfläche nehme ich die feinen Bewegungen ihrer Flügel wahr.
Sie fliegen immer paarweise zusammen. Ihre Körper schillern smaragdgrün in der Sonne. Nie zuvor sah ich solch quirlige exotisch wirkende Wesen.
Sie fliegen hier und sehen dennoch aus, als kämen sie von fernen Ländern.
Ich mache mich bereit für ein paar Fotoaufnahmen mit meinem Handy. Dann kann ich sie später am Abend mit Aquarellfarben malen, dafür bieten sie ein famoses Motiv. Allerdings sind sie unglaublich wendig und entwischen mir wieder und wieder.

Somit beschließe ich nach einigen Minuten, mit nackten Füßen, direkt in den Fluss zu steigen. Dort stehe ich nun erwartungsfroh, den Finger die gesamte Zeit über dem Aufnahmeknopf schwebend. Sie schwirren oft an mir vorbei und verschwinden gefühlt einen Wimpernschlag später schon wieder. Wie eine Erscheinung aus meiner Fantasie. Ich schleiche tiefer ins Wasser, immer bedacht auf glitschigem Steinboden nicht auszugleiten. Meine Füße werden ziemlich kalt, kann sie kaum noch spüren. Meine Wangen hingegen glühen vor lauter Eifer. So stehe ich gefühlt sehr lange in der Strömung, eine echte Geduldsübung für mich. Da tauchen sie wieder auf, diesmal sind es gleich vier smaragdgrüne libellenartige Schmetterlinge. Paarweise fliegen sie zusammen, drehen überm Wasser einige Schleifen.
Ein sehr guter Zeitpunkt, fix einige Aufnahmen von ihnen zu machen. Zufrieden steige ich danach ans Ufer und setze mich wieder auf die Treppe in die Sonne. Angenehm wärmt sie meine Füße. Es ist ein wundersamer Moment ihnen weiterhin einfach zuzusehen. Sie fliegen hierhin und dahin und ruhen zwischendurch immer mal auf Steinen oder einer Blume aus. Ich genieße es dabei zu sein, ihnen zuzusehen.
Ihre Flügel vibrieren kaum hörbar, wenn sie sehr dicht an meinen Ohren vorbei fliegen. Das Flusswasser wellt glucksend vorbei und schwindet in einer Kurve meinen Blicken. Genau dahin ziehen sie irgendwann weiter, auf und davon.

Noch einmal war mir so, als ob ich in der Ferne etwas smaragdgrün schimmern sehe.
Ich packe mein Schreibheft wieder in die Tasche, stehe auf und gehe lächelnd weiter.

juni 2019

Lindenblütenteppich

Heute am frühen Nachmittag zog ein Gewitter auf. Zum Teil jagten dunkle schwere Wolken den Himmel entlang. Sie ließen die Schattenphasen länger wirken. Der Wind nahm Fahrt auf. Die Wasseroberfläche vom Fluss zeigte Bewegung.
Es bildete sich eine gekräuselte Haut, deren Anblick bei mir sofort ein Frösteln hervorrief. Luft wehte durch meine Haare. Sie zerzausten und es strich dabei kühl über meine Arme.
Ich kramte einen Pullover aus dem Rucksack und zog ihn über.
Ein Mädchen neben mir tat es ebenso. Mir fiel soeben auf, dass ich keine Regenjacke eingepackt hatte. Bin gegen Mittag in warmer Sonne losgefahren zu diesem schönen Ort. Er ist etwas außerhalb gelegen.

Hier am Fluss bin ich gern, wenn ich in die Stille tauche. Inmitten der Natur, fern vom Trubel der Stadt, gelingt das sehr gut. Spüre in mich und kann verschiedenste Lebensbereiche sinnend durchstreifen. Sie blättern sich mir auf, einer inneren Landkarte gleich. Ich erhalte leise, wertvolle Impulse auf meinem Weg. Kann somit eine neue Richtung auswählen und Entscheidungen dafür treffen.

Alte Zöpfe, die ich lange mit mir rumschleppte, die sehr schwer an mir hingen, abschneiden und einfach hinter mir lassen. Stattdessen mutig, leichten Schrittes etwas Neues ausprobieren. Mein Lebensschiff in frischen Fahrtwind lenken.

Ich sitze hier im Grünen auf einer alten Steintreppe am Fluss. Meine Beine baumeln überm Wasser und ich genieße einen Cappuccino. Ich mache Notizen in ein Heft, zu allem was in mir auftaucht. Ein Stück den Fluss hinunter geschaut sitzt ein Mädchen in einem knochigen Weidenbaum. Sie lässt ihre Beine schaukeln und sieht träumend aufs Wasser. In einer Hand hält sie ein Stück Torte, in der anderen Limonade und trinkt an einem Strohhalm. Ein schönes Bild, sie sieht sehr friedlich aus.

Der Wind weht durch ihr langes Haar. Blonde Strähnen mischen sich mit dem silbrigen Grün der schwingenden Weide. Die Wasseroberfläche zeigt nun schon mittlere Wellenberge. Allerlei Stöcke, Blätter und auch Entenpaare wippen darüber.

Es segeln trockene Lindenblüten vorüber. Sie kreiseln als kleine Propeller vom Baum und landen dann auf dem Wasser. Ein Lindenblütenteppich schmückt den Fluss, zunehmend dicht gewoben. Er bewegt sich fließend mit der Strömung.

Inzwischen fallen erste Regentropfen, sie klatschen auf Steine und bilden Blasen im Wasser. Mein Kleid wird nass, ich stehe auf und gehe mir ein trockenes Plätzchen suchen.

Das Naturschauspiel hier lässt mich meine eigene Lebendigkeit spüren.

Ich schlüpfe unter ein Vordach, trinke einen zweiten Cappuccino und sehe dem Treiben weiter zu. Das Mädchen aus der Weide, nun neben mir, schaut vertieft auf das Display ihres Handys. Wir erschrecken von einem plötzlichen Donnergrollen und lachen darüber. Kurz darauf zucken Blitze vom Himmel. Faszinierend finde ich das Lichtschauspiel, die Kräfte der Natur, wie sie wirken. Der Lindenblütenteppich wippt ohne Unterlass in der Flussströmung, wird dabei auch zunehmend schneller.
Propeller um Propeller segelt und landet unten.
Die knochigen alten Linden am Fluss tragen diesen Sommer zu Hauf Früchte an ihren Ästen. Sie werden förmlich vom Sturm freigeweht, bewegen dabei wie Tänzerinnen erleichtert ihre Arme. Sie zeigen wedelnd ihre Dankbarkeit und winken wie befreit zum Himmel. Ich fühle lebendige Bewegung in mir, werde von innen klargeweht und schreibe mir wertvolle Impulse ins Heft.
Mein Stift flitzt dabei übers Papier und sammelt Ideen für ein neues Weitergehen.

Nach einiger Zeit trudelt der Wind sich wieder aus & wird immer lahmer.
Die Bäume lichter nun, werden zunehmend stiller.
Der Lindenblütenteppich zieht von dannen. Mein Stift ruht nun auch.

Das Tosen legt sich im außen und wohltuender Frieden kehrt ein.
Ich schaue zum Fluss, der nun fast glatt wie ein Spiegel erscheint.
So als wäre nichts Bewegendes geschehen. Ab und an segelt noch ein Propeller nach unten und setzt zur Landung auf. Enten treiben dahin, beginnen wieder zu gründeln.
Die Sonne scheint vom blauen Himmel, lässt Regentropfen auf Blättern wie Edelsteine funkeln.
Frisch, sauber und blank geputzt wirkt alles, jeder Halm, Stamm und alles umher. So spüre ich mich in mir drinnen, klar gefegt förmlich.
Ich packe mein Heft ein, winke dem Mädchen zum Abschied zu und fahre mit dem Fahrrad beschwingt nach Hause.

august 2019

bewegtes Lebensschiff

Es fährt mein Lebensschiff inmitten vom weiten Fluss.
Das Steuerrad halte ich in beiden Händen.
Zurückgeschaut tauchten vor mir immer mal Stromschnellen auf.
Hin und wieder entdeckte ich einen Wasserstrudel, ach sogar Wasserfälle meisterte ich.
Immer mal lief mein Lebensschiff auf einer Art Sandbank auf.
Ich saß dann förmlich auf dem Trockenen und steckte fest.
Was für ein Gefühl, dem Ganzen um mich her scheinbar völlig hilflos ausgeliefert zu sein.
Kaum zu beschreiben mein Empfinden dabei.
Es war, als würde einfach nichts mehr weiter gehen.
Stecken geblieben, festgehangen, aussichtslos, so war meine damalige Lage. Grübeleien, traurig sein und endlos quälendende Gedankenleidschleifen suchten mich heim.
Sie ließen mich gar wütend und verzweifelt sein.
Ich war Gefangene auf Treibsandbänken (meiner Verganheit) in mir.
Mein Blick war eine lange Zeit sehr verschleiert.
Ich tappte durch Nebel der Vergangenheit.
Ab und an fand sich in ihnen eine Lücke, durch die ich nach außen blinzeln konnte.

Ich erschrak dann, kannte ja solch eine Weite noch nicht.
Immer öfter und über längere Phasen erhielt ich eine klärende Innensicht und schaute so auch nach Außen.
Ich gewöhnte mich Stück für Stück an meinen neuen Blick, er wurde mir vertrauter.

Mein Lebensschiff fuhr zunehmend leichter.
Es schipperte beständig dahin und nahm immer mehr Fahrt auf.
Mein Steuerrad ließ sich von Tag zu Tag leichter auf Kurs halten.
Ein lebendiges buntes Strömen bereichert mehr und mehr mein Leben.
Darüber könnte ich Geschichten, gar Romane schreiben, Seite um Seite mit Worten füllen. Genau genommen tue ich das, auch gerade eben.

Das Steuer halte ich in den Händen und spielerisch manövriere ich durch ungeahnte strömende Weiten.
Meine Sicht, sie verändert sich täglich, wird immer freier.
Ich bemerke winzige Dinge um mich, die sich in der Natur täglich zeigen.

Auf Sandbänke laufe ich nun nicht mehr auf.
Ich erkenne vorausschauend, wenn sich mir seichtes oder trübes Gewässer zeigt. Spüre nach Innen und verändere im Feinen impulsgesteuert meinen Kurs.

Ein leichtes Windlein stärkt mir dabei den Rücken. Lebendiges Strömen ist in mir. Täglich entdecke ich etwas Neues und staune darüber. Fülle überall ringsumher breitet sich aus, ne Menge Buntes und ungeahntes Leuchten.

So anders ist mein Leben nun.

Damals war es eher geprägt vom Festhängen auf Sandbänken oder mich ständig im Kreise drehen.
Das kostete endlos Kraft und zehrte sehr an mir.
Mein Lebensschiff tuckerte arg müde in der See und war auf allerlei Irrwegen unterwegs.

Auf diesen allerdings sammelte ich eine Menge an Erfahrungen.

Nun ist alles fließend & darf vertrauensvoll geschehen.
An so manchem Tag frischt der Wind so richtig auf und mein Schiff bekommt eine lustige wilde Fahrt.
Alles saust und braust vorüber.
Es wirbelt kunterbunt in mir. Ich singe so gern und improvisiere aus meinem Fühlen heraus wieder und wieder neue Melodien.
Es ist, als würde ich fast überschnappen vor lauter Lebensfreude.

august 2019

früh im Herbst

Ich lief morgens am Wiesenweg entlang und kam zu einer Bank zwischen zwei Feldern.
Vor mir breitete sich ein Meer später bunter Blüten aus.
Ich fühlte mich zurückversetzt in den Sommer.
Ein sehnsüchtiges Ziehen ging durch meinen Körper.
Es war nun Herbst und der letzte Tag vom Oktober.
Kühler wehte hier die Luft, anders als es mir am bunten Feldrand erschien.
Die Farben berührten mich und ebenso das zarte Wesen der Blumen.
Einige reckten ihre Köpfe noch einmal in Richtung Sonne & machten sich ganz lang.
Ich tat es ebenso und fühlte die Wärme wohlig auf meinem Wangen.
Es war so schön am Blütenmeeresrand, ich setzte mich spontan auf eine Bank.
Unter meinen Sohlen hörte ich die Blätter knistern.
Mein Blick ging in die Weite, ich sah Berge hinten am Horizont. Davor erstreckten sich Feldern und Wiesen entlang einiger Hügelketten.
Der Reif auf Bäumen neben mir taute in der Sonne und tropfte langsam nach unten.
Ab und an, vom Himmel her, hörte ich ein Rauschen ferner Vogelketten.

Eine wohltuende Stille hüllte mich ein.
Ich spürte meinen Atem weich fließen & sog die feuchte Morgenluft bis tief hinunter in die Lungen.

oktober 2019

dampfendes Rübenfeld

Mein Wochenendspaziergang führte mich diesmal an einem Rübenfeld entlang.
Blaugrün schimmerten seine Farben.
Unendlichkeit erstreckte sich, wie ich sie bisher von Landschaften der Nordsee kannte. Ein offener Horizont so weit der Blick reicht.
Aus den Pflanzen und der Erde dampfte es empor.
Wie zarte Wolkenfelder wallte der feuchte Nebel über das Kraut der Rüben.
Selbst später sah ich ihn, als ich mich bei Cappuccino und Schokoladenkuchen in einem Café aufwärmte.
Durch den Wintergarten bemerkte ich einen weißen Schleier, der über die Rübenblätter schwebte.
Er zog dahin in die Ferne und löste sich irgendwo auf.

Diese Art Naturschauspiel kenne ich vom Meer, an welchem ich sehr gern verweile.
Ich dachte an Momente dort, wenn Nebel übers Land vom Wasser kommend ziehen.
Es dampft und schwelt die See dann einem Kessel gleich.
An der Uferkante stand ich manches Mal und schaute auf einen kleinen Ausschnitt in die Lanschaft vor mir.
Der Rest lag wie verschluckt vom Nebel.

Die Wellen brausten und gluckten darinnen unermüdlich.

In der Ferne ertönte irgendwo ein Nebelhorn.
Über meinen Rücken lief sofort ein kalter Schauer.
Der Rhythmus des Meeres übertrug sich mit der Zeit beruhigend auf mich.
Ich atmete nach einer Weile mit ihm im Gleichklang.
Leise stieg dabei aus meiner Tiefe eine Melodie von Glücksseligkeit empor.
Diese floss über meine Lippen in die Nebelwolken hinein.
Der Moment war so besonders, ich spürte eine Verbundenheit mit Allem.

Irgendwann tauchte die Sonne aus der dichten Wolkenwand hervor.
Sie strahlte golden den Nebel an und trifft dabei auf meine Nasenspitze.
Es beginnt sich um mich her aufzuklaren.
Die Sicht reicht weiter und weiter.
Ich entdecke ein Seehundjunges nur wenige Schritte weiter.
Unbemerkt von mir lag es da, wahrscheinlich die ganze Zeit schon.
Es schaute aus großen runden Augen, ich sank in ihre tiefe Dunkelheit und spürte sein feines wildes Wesen.

Sein nasses Fell und die langen Schnurrhaare glänzten in der Sonne.
Nach einer Weile erhob sich das Tier und robbte ins Meer, dabei zwei Spuren mit seinen Flossen schleifend.
Flink glitt es ins Wasser und tauchte sofort unter.
Ab und an schaute noch mal sein Kopf aus dem Wasser heraus.
Später war es nur noch ein dunkler Punkt in der Ferne.

Lebendige Frische durchströmte mich & eine Welle der Dankbarkeit für den Moment, mischte sich dazu.

Im Einssein mit der athmosphärischen Unendlichkeit, der Natur und allem was ist, erlebe ich ein unglaublich wohltuendes Verbundenheitsgefühl.

Plötzlich schrecke ich hoch, neben mir klirrte Besteck auf einem Teller und mein Meermoment löst sich auf.
Ich schaute wieder zum Fenster heraus, immer noch dampfte der Nebel aus den Rüben.
Er wird schon zarter & beginnt sich somit aufzulösen.
Die feuchten Blätter glänzten in Regenbogenfarben.
Wie von Edelsteinen behangen, beginnen die Stängel im aufkommenden Wind zu wiegen.
Alles wirkte so, als hätte jemand gerade eine große Hand voll Funkelsteine mitten übers Rübenfeld gestreut.

Oktober 2019

Gelb

Heute war ich mit dem Fahrrad unterwegs und fuhr zu einem Berg, umsäumt von einer Apfelbaumwiese.
Ein gelbes Leuchten fiel mir sofort auf.
Blätter segelten im Herbstwind federleicht davon.
So eine Farbigkeit, als hätte jedes Einzelne von ihnen die Sonnenstrahlen des Sommers eingesogen.
Sofort spürte ich die vergangene Wärme noch einmal.
Am Himmel zogen Wolkenformationen dahin.
Blau blitzte immer mal hervor und um mich herum dieses gelbe Leuchten.
Es roch nach feuchtem Laub und Pilzen.
Eine frische Brise wehte.

Erinnerungen an das ferne, tosende Meer stiegen in mir auf.
Ich war so gern dort und lief stundenlang am Strand entlang.
Immer mal blieb ich stehen und schaute auf die See raus, bis zum fernen Horizont.
Die Schiffe standen dort in einer Reihe aufgestellt und warteten auf ihre Einfahrt in den nächsten Hafen. Die Atmosphäre am Meer ist unglaublich schön und immer wieder anders.

In diese unendliche Weite einzutauchen, wirkte auf mich sehr entspannend.

Im Weitergehen schaute ich den Seevögeln zu, die am Meersaum rumstanden und in die Wellen schauten. Sie spüren immer ganz genau, wann das Meer ihnen Köstlichkeiten bringt.

Heute sind es weiße Muscheln, die sie vorschnellend fangen und tropfend zum Ufer tragen. Dort bohren sie ihre Schnäbel zwischen die Schalen und zupfen das saftige Fleisch heraus. Manchmal ist es ganz langgezogen und dann schnippst ihnen der Rest entgegen. Sekundenschnell ist der Muschelinhalt im Bauch der Möwe verschwunden. Sie schütteln sich kurz und flattern mit den Flügeln.
Und weiter geht's, wieder inmitten der Brandung stehend und lauernd nach vorne schauend.

Am Himmel kreisten nach unten schauende Möwen und stießen dabei laute Töne aus.

Ich dachte daran, wann ich zuletzt dort gewesen bin. Über ein Jahr ist es schon her und so einiges in dieser Zeit geschehen.
Veränderungen haben Einzug in mir gehalten.
Diese führten dazu, noch achtsamer natürliche Rhythmen und Gegebenheiten, auch in mir wahrzunehmen.

So auch diese herbstliche Zeit, während in der weiten Flur der Wind für Lichtung in den Wipfeln sorgt. Ich schaute ihm eine Weile dabei zu, wie er pfeifend durch die Bäume jagd.

Das aufflammende Farbenspiel vergangener Wochen verblasst nun immer mehr.
Es wurde ruhiger in der Natur, auch in mir.
Das Schwärmen der Vögel am Himmel und das ganze Gewimmel in den Ästen und Zweigen nahm ab. Es flatterte vereinzelt hier und da, ansonsten war Stille.
Ich schaute eine Weile den segelnden Blättern zu und auch ihrem lautlosen Landen.
In den Wiesen spannten Netze und schimmerten bunt.
An einigen hingen krabbelnde Spinnen.
Die knochigen Apfelbäume um mich herum trugen ihre letzte Früchte.

november 2019

Kakteenherz

Heute begann der Tag umhüllt von feuchtem Nebel.
Ich halte eine Tasse warmen Tee in meinen Händen.
Sein Kräuterdamf steigt mir in die Nase.
Ich mag diesen würzigen Duft. Der Blick reicht derzeit im Außen nicht sehr weit. Entferntes lag wie in Watte gehüllt vor mir. Der sichtbare Ausschnitt, der übrig blieb - durch die Terrassentür geschaut - war getränkt in eine satte Feuchtigkeit.
Es wirkte von da her einfach alles auch sehr farbig.

Vor allem sah ich gelbes Blattwerk an den Bäumen. Einige Äste leuchteten noch sehr, während andere schnörkelig und schon kahl zum Himmel ragten. Die Beete waren in eine warme Laubschicht eingehüllt. Aus Umbratönen und Resten von Gelb hatte sich eine Decke behutsam um die Pflanzen gelegt.
Hier und da schob sich noch ein Stängel nach oben, um seine Blütenfarbe lila, pink oder blassrosa zu zeigen. Selbst die Rosenbüsche trugen vereinzelte weiße Blüten.

Heute - am Vormittag - war ein Intuitiver Malkurs im warmen Gewächshaus einer thüringer Kakteenfirma geplant. Ich machte mich mit dem Fahrrad auf den Weg, im Gepäck etwas Proviant und meine Malutensilien.

Unterwegs war es weiterhin nebelig, es nahm sogar zu, vor allem war es sehr kalt gewesen. Die Temperatur nicht viel über null.
Ein nasser Film bildete sich auf meinem blauen Mantel, winzige Tautröpfchen reihten sich aneinander und bildeten weiße Ebenen.
Aus meinen Haaren rollen Wassertropfen über meine Wangen.
Ich freute mich, im Gewächshaus anzukommen.
Die Frauen erwarteten mich schon.
Herrlich trocken und warm war es dort.
Und dennoch war die Fahrt durch die klare feuchte Luft besonders.
Ich spürte mich überaus lebendig.

Im Gewächshaus grünte und blühte es.
Eine Fülle um uns herum.
Kakteen, lauter Blumen, sogar Palmen gab es.
Jede Menge schöner Pflanzen und auch allerlei Gartengeräte zum malen.
Jede von uns suchte sich einen stimmigen Platz.

Nach einer Weile, den groben Aufbau meines Motives hatte ich schon eingefangen, bemerkte ich allmählich ein angenehmes Wohlfühlen.
Es strömte warm durch mich. Es war eine Stille um uns herum, kein Autolärm, keine Windgeräusche, ... all das hörten wir im Gewächshaus nicht mehr.

Ich versank in ein Motiv, spürte mein Innen nach außen fließen, Verbundenheit im Sein.

Der Kaktus den ich malte war umhüllt von geschwungenen grünen Blattarmen.
In der Mitte reckte sich ein Stängel empor, weit war er zur Seite geneigt, da er ziemlich füllig war. Zur Spitze hin wuchsen ihm einige Blüten in lila, rot bis rosa.

Die malenden Frauen saßen im gesamten Gewächshaus verstreut.
Jede genoss in ihrer Weise und gestaltete ein farbliches Motiv.
Ich schaute ihnen immer mal über die Schulter, sah ihren Selbstausdruck auf Papier sichtbar werden.
Das Besondere daran, wie unterschiedlich alle Frauen malten.
Diese Momente berührten mich immer sehr.
Ihr Fließen und Versunken sein, mit sich und all dem um sie her – lies ihre Verletzlichkeit sichtbar werden.
Von manch einer schaute nur der Kopf aus dichtem Grün heraus, auf kleinen Hockern saßen sie darin.
Eine der Frauen nutzte eine umgedrehte Schubkarre, um ihre Pinsel, Farben und Blöcke abzustellen und malte dieses Arrangement ganz spontan.
Es lag Lebendigkeit, Freude am Ausprobieren und eine Welle von Wohlbehagen in der Luft.

Als wir nach Hause fuhren, war es sofort wieder lauter. Die Außengeräusche, die wir immer alltäglich in uns aufnehmen, waren alle wieder da.

Der Vormittag im Gewächshaus mit seiner Stille war besonders und wirkte noch nach.
Ich war fröhlich über das gelungene Malen mit den Frauen und summte eine Melodie beim Fahrrad fahren vor mich her.

Ich mag es sehr, wenn an schönen Orten, besonders in der Natur, gemalte Bilder auf Papier fließen. Menschen ihre zarten innersten Seiten zum schwingen bringen.
Es berührt mich überaus, dass zu begleiten und beim Prozess zuzuschauen.
Übers eigene Blatt geneigt fühle ich mich mit mir und allem verbunden.

Im Gepäck auf der Heimreise befand sich in meiner Radtasche ein grünes Kakteenherz in einem Blumentopf.
Wir Frauen haben uns zum Abschluss alle eine schöne Pflanze gekauft.
Das grüne Herz stellte ich mir zu Hause ins Fenster.
Wenn ich es ansehe freue ich mich.

November 2019

wenn´s draußen dämmert

Heute morgen saß ich im Dunkeln im Atelier.
Nur ein Teelicht brannte auf dem Tisch.
Seine Flamme bewegte sich kaum. Ein kleiner Lichtkegel bildete sich vor mir, sonst war alles wie verschluckt, lag blauschwarz noch von der Nacht.
Es war still und friedlich. Ich wollte an diesem Morgen bewusst spüren, wie der neue Tag erwacht und ihn leise empfangen. Ich mochte dabei zusehen wie die Dunkelheit dem frischen Tageslicht wich.
Es veränderte sich Stück für Stück und ebenso im Raum die Stimmung. Der Himmel war schon nicht mehr schwarz, sondern wandelte sich bläulich.
Es wurde alles mit dem Erwachenen des Tages sichtbarer und klarer.
Vertraute Konturen hoben sich wieder ab von allem um mich. Dinge nahmen ihre gewohnte Form & Gestalt wieder an.
Farben tauchten auf es wurde zusehends bunter.

Irgendwann kippte der Moment und die Dämmerung war vorüber.
Es war nun hell. Der neue Tag erwacht.
Noch leuchteten die Straße runter Laternen.
Es war als würden sich beide Lichtquellen kurz grüßen - weißes Tageslicht begrüßte die gelblichen Strahlen der Nachtlaternen. Oder war es gar umgekehrt?

Dann wurden die Laternen ausgeknipst & durften ruhen.
Abends würden sie dann wieder erstrahlen und uns dabei helfen nächtliche Wege zu finden.

Manchen Morgen ist es so, der Himmel beginnt den Tag dann regelrecht mit einem Feuerwerk. Er flammt auf: orange, lila, knalliges rosa, gelb, gold und türkis.
Dieser Funke springt dann auf uns Menschen über, eröffnet einen Tag in liebevoller Feuerkraft.
Wir sind bereit uns weiter vorzuwagen und mutig unseren Weg zu gehen.
Vielleicht auch die Liebe in unser Leben vertrauensvoll einzuladen, wer weiß das vorher schon genau.
Wir öffnen somit einen Raum, von dem wir nicht zu hoffen wagten.

Dagegen sind die leiser kommenden Tage weniger intensiv eingefärbt.
Sie schwingen ebenfalls in uns, dann halt in sehr sanften Farben.
Sie lehren uns Demut, Achtsamkeit, auch Geduld.
So beginnen wir Tage in einzigartiger Tiefe & erleben diese anders intensiv. Fühlen weit in unser buntes Innenleben hinein.
Entdecken dabei vielleicht Dinge, die wir bisher noch nicht kannten und erahnen Zusammenhänge neu.
Das ist die Magie dieser sanften Tage, die uns aus der Stille heraus verändern.

dezember 2019

erste Blumen

Es wird nun milder.
Der Frühling zieht langsam ein.
Im Wald blühen erste Blumen. Sie bohren sich aus dem Laub vom vergangenen Herbst und recken an hauchzarten Stängeln nach oben.
Ihre Kelche schwingen mit dem Wind & leuchten.
Vertrocknete Baumblätter schimmern cremefarben am Boden. Sie sind hauchdünn über den Winter geworden. Ähneln nun sehr Pergamentpapier, kullern und schweben von der Luft angehoben federleicht.
Das sie einst im saftigen Grün und zu einer Baumkrone geformt uns Schatten spendeten ist kaum noch vorstellbar. Alles ist immer im Wandel und unterliegt einer natürlichen Ordnung. Der jährliche Rhythmus der Natur bestimmt auch unser Empfinden.
Wir Menschen sind eingebettet darin.

So werden wir im Frühling agiler und lebendiger.
Die Sonne lockt heraus, weckt in uns frischen Tatendrang & auch die Liebe spüren wir vermehrt durch uns zwirbeln.
Jeden Tag verändert sich der Waldboden, ein grüner Teppich beginnt sich auszubreiten und emporzuwachsen.
Immer mehr Blumen recken ihre Kelche zum Licht.
Die Sonne lässt das frische Grün glänzen.

Fährt der Wind hindurch, schwingt es sanft.
Das grüne Meer wogt dann hin und her mit einigen farbigen Tupfen darin.

Ein Moment der die Menschen im Herzen berührt, sie weich nach Innen spüren lässt. Jedes Jahr wieder, ist es besonders, wenn die Natur erwacht, es grünt, blüht und duftet. Wir laufen die Waldwege entlang und staunen entzückt.

Auch an Bäumen und Sträuchern schwellen Knospen, werden immer praller und runder. Irgendwann kommt der Moment: wenn wir genau hinsehen, erkennen wir eine winzige grüne Spitze. Täglich ein Stück mehr schieben sich die jungen Blätter heraus und entfalten sich.
Aus der Knospe gepellt, dürfen sie nun täglich ein Stück wachsen, groß und saftig werden. Der Wald wird so nach oben hin immer dichter & grüner.
Erste Blütenknospen platzen auf und öffnen wunderschöne weiße, rosa, gelbe Blätter.
Bienen und Hummeln beginnen um sie zu schwirren.

Vögel segeln und singen am Himmel.
Die Natur erwacht und wir mit ihr.
Pure Lebendigkeit und Wärme durchströmt uns.
Wir wippen mit federnden Schritten über den Waldboden, pfeifen ein Liedchen und atmen tief klare Luft ein.

13. märz 2020

Geburtstag

So ein sonniger Tag heute.
Der Himmel zeigt sich von einem intensiven Blau.
Die Zeit der Krise lässt mich alles achtsamer und intensiver spüren.
Auch fühle ich Dankbarkeit für wundersame Momente, wie diesen heute morgen.
Ich öffne die Fenster weit, gleich nach dem Aufstehen und halte mein Gesicht in die warme Sonne.

Sie streichelt mir die Wangen.
Ich atme tief hinunter in meine Lungen, noch weiter - bis in den Bauch, die Zehenspitzen. Die Wärme der Sonnenstrahlen lässt mich wohlig erschauern.
Alles ist so intensiv derzeit.
Kleine Momente werden riesig groß & gewinnen sehr an Bedeutung.

Mein Innehalten am Fenster lässt mich verbunden spüren mit allem Sein.
Ich nenne es kostbar, ein gefundener Schatz.
Die kosmischen Energien schwingen und hüllen alles ein, Geborgenheit spüre ich & ein so natürliches mit dabei sein.

Im Innersten Verbundenheit fühlen - mit unserer Erde, dem Meer, dem Himmel, jedem Tier, ... ist ein kraftvolles Gefühl.

Liebe sein.

Sie frei aus meinem Herzen strömen lassen, dahin, wo uns alle & alles verbindet.

Ich tauche aus meiner Versunkenheit auf und höre dich mit irgendetwas rumklappern und nun nehme ich auch diesen köstlichen Duft von gebackenem Kuchen wahr.
Damit wolltest du mich am Bett überaschen.
Es tut so gut das du da bist und so bist, wie du bist.

31. märz2020

Weibliches Empfangen

Heute möchte ich in den goldenen Morgen hineinschreiben.
Seit Tagen lacht die Sonne von einem strahlend blauen Himmel.
Es ist so still und rein da oben geworden, weniger Staub, Abgase, keine Flugzeuge mehr, die den Himmel kreuzen.
Auch der nächtliche Sternenhimmel erscheint mir von intensiver Klarheit, wenn ich auf der Terrasse stehe und vorm Zubettgehen nach oben schaue. Ich glaube zunehmend ist es sehr wirksam seine innigsten Herzwünsche ins Sternenmeer zu senden. Die Sterne, der Mond, ... scheinen besonders nahe mit uns verbunden zu sein. Also nicht nur wenn wir Sternschnuppen am Himmel sehen, sondern täglich können wir uns etwas wünschen. Gerade jetzt wo alles klarer und reiner erscheint ist es hochwirksam und kommt schneller an entsprechender Stelle an.

Also immer fleißig die innigsten Herzenswünsche zum Sternenhimmel senden.
Sie können so geradewegs nach oben gelangen und immer größer werdend schwingen, Kreise ziehen und sich verwirklichen. Sie landen dabei an entsprechenden Stellen, um somit Berührungspunkte zu setzen und eine wahre Verbundenheit zu schaffen.

Bildlich gesprochen ein fein gewebtes Spinnennetz, welches von oben nach unten punktgenau verwoben ist. Was wiederum zur Folge hat, dass unsere Wünsche und Träume sich tatsächlich verwirklichen können. Wir vertrauen darauf aus vollstem Herzen und lassen geschehen, was dafür nötig ist. Echte Veränderungen dürfen sein auf unserem neuen Weg.

Wir setzen Dinge in unserem Leben um, die wir uns vor einiger Zeit überhaupt nicht zugetraut hätten, weil wir diese Möglichkeiten auch nicht sehen konnten. Wir konnten nicht wirklich in die Weite sehen, da unsere Sicht oft von alten Erlebnissen eingefärbt war. Wir bremsen uns selber aus, weil wir dieses alte Erleben immer noch für „wahr" halten, es uns unbewusst und damit unbemerkt noch lenkt.
Wir leben somit eng und halten uns klein.
Und genau das spiegelt uns das Außen so lange, bis wir unser Innen gründlich aufgeräumt haben, alles durchgefegt haben.
Meist landen wir in Situationen, die wir so in unserem Leben nicht mehr wollen. Wichtig ist dabei, uns sehr alten Prägungsmustern, welche weiter und weiter ablaufen, bewusst zu werden, um sie dann endgültig loszulassen.
Neue Glaubenssätze dürfen wir in uns einpflanzen, die uns unseren ureigenen Weg dann auch wirklich gehen lassen. Die sich richtig gut & stimmig in uns anfühlen.

Inneren Impulsen lauschen und unserem weisen Herzen folgen = dann ist alles gut.
Mutig sein dabei und ruhig unsere tiefsten Wünsche in den klaren Sternenhimmel senden.
Sie freilassen so, ohne wenn und aber.
Wir erlangen zunehmend Klarheit darüber, wer wir wirklich sind und entscheiden jeden Tag, wie wir unsere Lebensgeschichte weiter schreiben.

Wir dürfen ganz neue Prioritäten setzen und alles verändert sich um uns.
Etliche Dinge sortieren wir bewußt aus unserem Leben aus.
Dazu zählen auch Verhaltensweisen & Gewohnheiten, aus früher erlernten Mustern und Glauben heraus.

Wir lassen beschwerendes Gepäck zurück und ziehen immer leichter weiter.
Wir vertrauen dem Fluss des Lebens & den kosmischen Energien dabei.
Alles fließt uns zu & genau zur rechten Zeit = wenn wir geschehen lassen können, vertrauensvoll aus unserer weiblichen Mitte heraus alles empfangen.

Wir lernen auf unserem Weg immer mehr Menschen kennen, die mit uns auf einer Wellenlänge schwingen, die uns Impulse senden, unterstützen und ermutigen können.

Wir haben die Chance bewusst nach Innen zu lauschen und dürfen genau prüfen, wie wirken Angebote vom Außen in uns.

Wollen wir das wirklich so in unserem Leben noch haben, dann nehmen wir Impulse, Angebote dankbar an.

Spüren wir in uns ein unstimmiges, ungutes Gefühl, ein Grummeln - was mit unseren Werten und Wünschen nicht harmoniert, lehnen wir Angebote entschieden ab. Nein lautet dann die Antwort.

Wir haben es jederzeit in der Hand, wie wir die Dinge geschickt händeln.

So klar wie nie schauen wir weit hinaus und zugleich tief in unser Innen.

Sternenglanz und Mondschein, heben es sichtbar machend für uns empor.

Bunt und groß dürfen wir uns fühlen und stolz aufgerichtet leben.

So zusammengefasst würde ich mein nächtliches zum Himmel schauen und sinnen beschreiben.

Wir Frauen dürfen wieder lernen, aus unserer weiblichen Mitte heraus die Dinge einfach geschehen zu lassen.
Wir empfangen, was wirklich zu uns gehört und auch ungehindert zu uns fließen darf.
Wir sind offen und bereit unseren inneren Impulsen, unserem Herzen, unserem Ruf der Seele zu lauschen & zu folgen.

Wir verabschieden alte Leidschleifen, altes bedürftig sein und gehen keine schmerzhaften Umwege mehr, sondern achten darauf, welche Impulse, Angebote für uns wirklich stimmen.

Auch mit welchen Menschen wir unsere kostbare Lebenszeit verbringen, wer uns auf Augenhöhe begegnet und mit wem wir uns genährt und wohlfühlen.

Barfuß stehend am Strand oder auf Waldboden senden wir unsere Herzenswünsche zum Himmel hinauf.

Die Sonne lacht gerade vom hellblauen Himmel, während hier, die Worte aneinander fließen.
So ich werde jetzt in den Wald abtauchen und barfuß im Grünen sitzend ein weiteres Buchmotiv malen.

22. april 2020

üppig im Grünen

Vor zwei Tagen fuhr ich am frühen Abend noch einmal zum Wald hinauf.
Ich lief zuerst zu einem Café, mir einen Cappuccino holen.
Beim Durchqueren des Waldes, bemerkte ich eine feuchte Schwere in der Luft.
Dieser Spätfrühling bzw. Frühsommer war sehr regenreich.

Ein Genuss für Pflanzen und Tiere. Der Wald war üppig und grün, alles rankte und wucherte sehr hoch.
Dschungelartige Wege lief ich entlang.
Es duftete förmlich nach sattem Grün und auch nach Hollunderblütendolden.

Mit meinem Cappuccinobecher in der Hand steuerte ich auf eine Waldbank zu, setzte mich und begann zu schreiben. Alles was ich spürte, erlebte in letzter Zeit floss mir aus der Feder.
Die Seiten reihten sich zügig aneinander. Irgendwann war der Becher leer und ich hob den Blick vom Blatt und lies ihn etwas in der Natur umherschweifen.

Der Wald ist ein Ort der Erholung, hier kann ich Ruhe finden & hamonisch schwingen.

Ich fühlte mich nach einiger Zeit zwischen den hohen Bäumen voll frischer Energie, gänzlich wie neu geboren.
Der Himmel hatte sich inzwischen verändert, wurde dunkelgrau, nur hier und da blitzte noch helles Blau hervor.
Auch dies war in Kürze dann verschwunden.
Der Wind frischte auf. Mir wurde kühl.
Im Aufstehen packte ich schnell alles zusammen und lief immer tiefer in den Wald.
Auf gewohnten Wegen bemerkte ich, wie vertraut sie waren und mir doch immer wieder neu erschienen.
Sie verändern sich täglich, so wie wir.
Auch kleinere Pfade schlängelten sich so dahin & waren üppig begrünt, an manchen Stellen fast schon zugewachsen. Jeden Tag wird der Wald in einen besonderen Lichtschein gehüllt und vermittelt uns geheimnisvolle Stimmungen. Der Wind nahm weiter an Fahrt auf und es begannen große Tropfen vom Himmel zu klatschen. Zum Glück hatte ich einen Schirm dabei und öffnete diesen.
Es hatte etwas sehr gemütliches unter ihm trocken weiter zu laufen. Hin und wieder kreuzte ein Jogger entfernt meinen Weg. Sie liefen in bunter Sportbekleidung durch den Regen.
Beim Aufkommen ihrer Turnschuhe in den Pfützen spritzte es sternförmig nach oben.
Ein langes kaum unterbrochenes Rinnsal strömte vom Schirm neben mir nach unten.

An manchen Stellen blieb ich stehen und schaute lang in das glänzende üppige Grün an den Wegesrändern. Nie hatte ich so einen Frieden in mir, mich solchen Betrachtungen hinzugeben. War immer getrieben irgendwie, von einem zum anderen.

Ein Gedankenstrom war in mir, der nie abriss und dem immer was Neues einzufallen schien.

Jetzt konnte ich einfach im Wald lange Pausen machen, auf einem Weg, mitten im platschenden Regen und mir unterschiedlichste Grünvarianten ansehen.
Es tut so gut, ist so heilsam, inmitten von natürlichen Wundern und Schönheiten zu stehen und somit auch ein Teil von ihnen zu sein.

Ich spürte die feinen Wesen unterschiedlichster Pflanzenarten.

Rauhes und Strunkiges, der hochgewachsenen Brennessel, lang waren sie – ragten über mich – sind hoch in Richtung Himmel geschossen.
Blätter gezackt und so riesig wie Abendbrotsteller hingen an ihren Stängeln. Ein würziger Duft ging von ihnen aus.

Ich zog immer ein Stück weiter und blieb an anderen Stellen nochmals stehen.

Versunken schaute ich in sattes Grün und spürte abenteuerliches Wohlbehagen, eine Gänsehaut am Körper lies mich wohlig schauern.
Ich war dankbar dieses Naturschauspiel so sinnlich zu erfahren & spürte tiefen Frieden. Neben meinen Füßen hatte sich ein beachtliches Rinnsal gebildet.
Es schwoll weiter an, sich zu einem kleinen Bach formend. Der Regen schüttete wie aus Kannen vom Himmel.
Ich lief also am Bach entlang, auf welchem sich inzwischen lauter Blasen bildeten.
Einige formatierten sich zu einem Strudel.
Ein eigentümlicher Reigen, der sich nicht vom Fleck bewegte.
Die Blasen drehten Kreise immerzu & hatten an manchen Stellen schon kleine Schaumkrönchen gebildet.

An der Nordsee erlebte ich dies auch, große Schaumflocken sah ich dort, die über den Strand und die See peitschten, förmlich durch die Lüfte flogen. Auch bildeten sich regelrechte Schaumberge auf dem Wasser, die über die wilde See wippten. Ab einer gewissen Windstärke, wenn richtig Sturmflut aufkommt, kippen dann auch mal die Strandkörbe um. Ein buntgewürfeltes Durcheinander, verstreut sich dann über den weiten Sand.
Kommt der Wind direkt von vorn, spüren wir natürliches Peeling auf den Wangen.

Mit dem Fahrrad kam ich regelrecht schleppend voran. Immer mal blieb ich stehen und schaute mich begeistert um, welche Kräfte um mich her wirkten. Irgendwann, die Zeiger der Uhr lagen inzwischen auf ganz anderen Positionen, war ich doch am Ziel angelangt.
Es war ein gigantisches Naturkräfteschauspiel gewesen.

Ich schreckte hoch, aus meinem Träumen, denn im Wald regnete es weiterhin stark und der Wind sauste.

Unterm Schirm war´s sehr gemütlich zu laufen. Ich drehte langsam um und ging zurück nach Hause.

Am Ende des Waldes, kam ich zu Treppen, die nach unten zu den Stadtwegen führten.

Diese waren überspült und glichen einem Wasserschauspiel. Alles mögliche wurde nach unten geschwemmt, alte Tüten verhederten sich an den Rändern in Zweigen.

Ein besonderer Tag ging in nächtliche Dunkelheit über. Sehr erquickt und sinnlich erfüllt kam ich nach Hause.

juni 2020

Nachspüren

sitze hier in Stille
grüner Schein der Kerze
mittig auf dem Tisch
Treibgut ringsherum

Seeigel als Abdruck
rundgeschliffener Stein
gesammelte Herzmuscheln
auch rosa Glatte dabei

Feuerstein vom Inselrand
Damenschuh und Glücksbringer
Loch zum durchschauen
kann mir was wünschen

winzige Seeschnecken
verschiedentlich gedreht
filigrane Muster
durchs wilde Meer gerollt

all das wirkt
rücke hier und da
berühre zart
Riffeln, Weiches, Muster

februar 2021

fließende Leichte

Kiefer vorm Fenster
vom Wind gebogen
Zapfen rollen runter
Nadelbüschel am Rand

Sehnsucht zieht, ein zartes Band
auch ein Wohlfühlen
so beides wieder
wissend um Erfüllung

fuhr zum Markt
ließ mich treiben
Frühblüher als Farbenmeer
erfrischend ihre Wirkung

ich pflanzte lila getönte
und Vergissmeinnicht in Blau
zwischen helles Grün
hochwachsender Glockenstängel

spüre die Liebe
warmes Strömen
lasse sie da sein
nichts hinterfragen

februar 2021

am Frauentag

meine Weiblichkeit ehren
rosa, dunkelrote Freesien
zarter Eukalyptus Hauch
im Farbenrausch

durch Gesänge treiben
Töne fädeln
Schnüre flatternd weben
Gefühle sprühen

abends im Kurs
auch selbst malend
Blütenstengel sprießen
weit ins offene Meer hinaus

in Liebe trudeln
mich toll beschenken
mir nahe sein
geborgen in mir

märz 2021

Sternenklar

los, auf geht´s
abends noch mal raus
unterm weiten Himmel
Pfade durch den Park

Lichter von oben
funkeln runter
durch Äste und Zweige
Sternbilder über Wiesen

auf nem Geländer an der Treppe
hocken sie aufgereiht
Haussperlinge als Gruppe
schwatzhaft aufgeplustert

Kiefern rauschen wie das Meer
Fetzen einer Bahnhofsansage
Zug nach Hamburg
verspätete Abfahrt, erst in 10 Minuten

am Brunnen eine Jugendgruppe
Skulpturen, sehnsüchtige Musik
Lachen, Flaschen klirren
Wunsch nach Neuerung

märz 2021

immer Neues

Hügel voll von Stiefmütterchen
bunte Tupfen
wild dahingestreut
neben unserm Kräuterstand

laufe an Allem entlang
Sehnsucht im Bauch
zarte Blütenkelche
wiegend in der Sonne

hoch oben
ein kreisender Taubenschwarm
weite Sicht im Bogen
landen genau da
wo´s gefällt gerade

setze Fuß vor Fuß
das verändert meine Sicht
bin empfänglich
nehme sinnlich mit

sauge alles auf
was mich so berührt
mit mir schwingt
im durch mich fließen

märz 2021

Schutzwall bröckelt

Duft der weiten See auf der Zunge
löffle aus nem Glas Meeressalat
sofort zieht und ruft es Innen
spüre hohe Wellen

es war anstrengend
mich zeigen und Grenzen setzen
wichtig auch, nicht wieder einzuknicken
100 % zu mir stehen

heftiges Aufwühlen
lang Eingestaubtes wird frei gefegt
tiefes Innenlauschen
was meine Wünsche sind

briet nen Kürbis in der Pfanne
ein Buch kommt mit der Post
telefoniere, steh am Fenster
ne Ente lief am Beet entlang

spüre mein Herz
schaue die Bäume an
sind zerfurcht
alles lesbar darin

april 2021

magentarote Margeriten

Ja, es darf ziehen
Strom des Lebens
ich nehme Kurs jetzt
in den Hafen der Liebe

mich vertrauend aalen
auf diesem Weg
die Sinnesfühler ausgefahren
prachtvolles Blühen hier

Samen in die frische Erde
klares Wasser dazu
das Ganze in die Sonne stellen
was geschieht nun

eine Öffnung im Verborgenen
unsichtbar im Außen
dennoch wandelt sich´s
in weicher Muttererde

magentarote Margeriten
auf langen grünen Stängeln
leicht im Morgenwind
unterm Sommerhimmel wippen

april 2021

Möwenflügel

beständiges warmes Spüren
kreiselt und zwirbelt Innen
fühle weiches Schwingen
begrenzen löst sich auf

Jahr um Jahr malte ich Möwen
sie flogen rauf zum Himmel
in etlichen Bildern
paarweise weit und davon

alles hat sich verändert
sind nicht mehr getrennt
schon gar nicht eine voran
ewig schneller als die andere

nebeneinander gemeinsam
Flügel finden zusammen
sie schauen einander an
auf einer Höhe schwingend

april 2021

Regenbogenpunkte

hinter mir eine unruhige Nacht
lauter wirre Träume
Emotionen rauf und runter
Schweiß der auf der Stirn klebt

Atme tief
bis weit zu den Zehen
spüre Fließendes
weich im Bauch wieder

strecke mich
entspanne mich
fühle von oben bis unten
behagliches Rekeln aller Glieder

Sonne streift übers Gesicht
wärmende Strahlen kitzeln mich
Buntes vor geschlossenen Augen
lauter tanzende Regenbogenpunkte

mai 2021

morsche Zäune

eine spannende Zeit gerade
alles offener und (schmerz)freier gefühlt
noch ungewohnt die Weite
endlos geschaut aus mir

Begrenzungen sind fort
morsche alte Zäune
verwehrten Wege ins Außen
nun da sie weg sind, ein komisches Gefühl

hier und da weiter raus laufen
Füße auf ganz frischen Wiesen
in mir eine neue Lebensmelodie
lerne damit klarzukommen

zwitscher mir ein Liedchen
gehe immer weiter
schrecke manchmal auf
da so Einiges noch nicht vertraut

wie tanzen über unbekannten Boden
schwingend durch den Tag
weiches Fühlen
lerne Neues rasant dazu

mai 2021

Anker rasselnd setzen

mal sehen wo wir hinsegeln
und nen Anker setzen
die Kette nieder rasselt
in welche Richtung uns der Wind bläst

hin zur Villa Kunterbunt
und dann ab ans Meer
mich vertrauend an seinen Saum stellen
oder mit den Füßen mitten hinein

nicht wuschig werden
durch Möglichkeiten trudeln
versinken in ihrer Anzahl
nein, zielgerichtet sein
meinem Herzen lauschen

bin beschützt
werde weise geführt
rieche die salzige Luft
vertrautes Angekommen am Meer

mai 2021

Rose

habe meine Dornen losgelassen
wirkte unnahbar durch sie
eine Dauerabwehrhaltung
die so anstrengend war

sie waren spitz
schmerzhaft gezielter Stich
wenn du nahe kamst
mich berührtest, zeigte ich sie

hielt mich fern, war sicher da
unheimlich erschien Nähe
nicht berechenbar, unvorhersehbar
unkalkulierbar, barg hohes Verletzungsrisiko

nun kannst du dich mir zeigen
einfach hier sein
mein Herz hüpft vor Freude
lauter Neues zu erfahren

war unfrei, eng, gefangen
tat mir selber weh
wenn ich die Dornen zeigte
stach es ebenso in mir

innere Heilung, Sanftheit, weich
Liebe zog immer größere Kreise
schwang weit
nahm sich Raum

aus mir heraus beschützt
neue Erfahrungen machen
geschehen lassen
Überraschungen wieder und wieder

mai 2021

Frosch

hier ist gerade Hochsommer
bin im Wald auf den Wegen
die Luft ist tropisch feucht
kühler Schlamm unter Sohlen

die Blätter hängen groß
lauter Regentage angereiht davor
es duftet warm nach Hollunderblüten
Wildrosen am üppigen Strauch

unsichtbare feine Fäden
kitzeln meine Arme
Raupen hängen schwebend
tauche links und rechts vorbei

sah nen Frosch springen
grüner Bote in der Wiese
Mut zum Absprung haben
Landung mitten in Neues hinein

alte Ängste, die sich zeigen
wie ein antippen ist´s nun
im sich zeigen dürfen
ein Hauch der glatt vorüber streift

alles offen
Recherche hier und da
Ort der Ankunft ist wo
da lasse mich führen
er liegt am Meer

juni 2021

vom Geschehenlassen

alles wiegt im natürlichen Rhythmus
der Tag weicht der Nacht
und umgekehrt
ein Wechselspiel von Ebbe und Flut
Bewegung im Meer

so auch in uns
sofern wir es nicht blockieren
ist es mal still und leise
und wellt auch mal kräftig empor
alles fließende Energie

glatt wie ein Spiegel das Meer
dann plätschern die Wellen sanft
kaum hörbar am Saum
irgendwann nimmt es zu, ein Rauschen
Wellen runden sich auf

türmen hoch, Bergen gleich
Gischt spritzt weit
Schaum wippt in Tälern dazwischen
Wind frischt auf, gewinnt an Fahrt
dass es Strandkörbe umhaut

Schaum weht getragen von Böen an Land
ein sonderbarer Anblick
der mich seltsam berührt
etwas Unbeholfenes schwebt über Allem
einfach geschehen lassen den Sturm

Legt er sich wieder
ordnet es sich neu
Körbe werden wieder aufgerichtet
einladend bunt, gestreifte Muster
Schätze finden beglückt rundherum

juli 2021

Jetzt

Wolken ziehen jetzt am Himmel
Vögel fliegen jetzt
im Moment leben
aus diesem heraus agieren

Augenblicke in der Natur genießen
glänzendes weiches Licht
auf regengrünen Blättern
Spinnennetze mit Perlentropfen dazwischen

den Wind an der Wange
sein Streichen, so weich
mal weht er auch kräftig
und Haare fliegen auf

mich ins Licht stellen oder setzen
bunte Punkte vor geschlossenen Augen
bewegen sich zu einem Bild
Erhellendes einsammeln
bis zu den Fußspitzen runter fühlen

lebendiges Sein
was mich vorwärts bringt
immer weiter
mein Ziel im Blick
mich dafür entscheiden

wenn die Sonne am Abend das Meer küsst
oder der frühe Vogel singt
Stachelbeeren am Strauch reifen
Lavendel duftend in Beeten wiegt
entscheide ich immer Jetzt

juli 2021

auf auf und davon

wie ein uralter Film
der sich mehr und mehr abrollt
bröselig, noch etwas rumschlabbert
frischer Wind darüber streift

löst ab, lässt Teile wehen
verschwinden aus meinem Sichtfeld
eingestaubte Prägungen
auf und davon

wer weiß wohin
nicht so wichtig
Leichtigkeit taucht auf
alles wird feiner und heller

neugieriges Tasten
mich umschauen
wo geht's nun lang
im Fluß des Lebens schwimmen
Weite, Meer und Land

juli 2021

Wahre Liebe

Sehnsüchte durch mich fließend
nicht als eine Gestalt oder schon in Bildern
einfach so Gefühle
tiefe rote Liebe hüllt uns ein

als Welle durch mein gesamtes Sein
nicht wirklich erklärbar
sondern erfahrbar mit ihm

mein weibliches Spüren erwacht
berührt und strömt wie nie
wenn er noch nicht nahe ist
ist er es doch

aus jedem Moment heraus
Fühlen klarer und reiner ist
ein uralter Schleier ist davon geweht
kaum dass ich´s noch bemerkte

januar 2024

Liebes - Sog

direkter und ungebremster mein Fühlen
natürliches kraftvolles Fließen
verändert mich

lässt es auch schwummrig in mir sein
da der gewohnte Boden nicht mehr ist
offengelegt mein altes Versteck

urgewaltige Kraft in der Tiefe erwacht
immer schon in mir
bestens behütet mein Schatz

alle Riegel habe ich gesetzt
dass es niemand jemals verletzt
Sperrgebiet, Hochsicherheitstrakt – all dass passt

eine Energiewelle wird freisetzt
an die ich mich erst gewöhne
tiefrote Schwingen berühren Innen

die Kraft der Liebe aushalten
eine Wucht ist das
wirklich so wie fliegen
weil kein Boden mehr ist

Landung auf unbekannten Land
ich kenne nichts davon
eine leise Ahnung
steigt in mir auf
verstehe es noch kaum

januar 2024

kraftvollste Schwingung

nie kannte ich es so
eine rote endlose Tiefe
klare Reinheit in mir
Gleichklang mit kosmischen Schwingen
Sternenglanz, Mondlicht
auch das Wirbeln der Winde
Wolken fliegen, wie ich dahin

letzte Sicherheitshaken in mir
vorher schon gelockert
sind einfach rausgeflogen
es ging so leicht dann,
dass ich es irgendwie nicht bemerkte
schauend in die Augen
alles wie von selbst

erst hinterher und so nach und nach
dämmerte mir was überhaupt geschah
immer noch ungewohnt
ein ulkiges Gefühl kriecht in mir
mein Herz fröhlich weiter strudelnd
froh, dass es pulsiert und liebt
endlich frei lebt

januar 2024

chaotisches Geschenk

weit und weich
das schenkt ich mir
lasse Beschränkendes sein

wie ein Flügel mich liebevollst berührt
beschützt, behütet als kostbarsten Schatz
ebensolcher bin ich mir

Gleichklang und enormes Wachsen
ganz neu hoch hinaus
Endlichkeiten sind hinter mir

verbunden mit etwas ganz besonderem
im alltäglichen Beisammensein
so ein Wohlfühlen ist in mir

januar 2024

Liebe

Flügel im Herz
eine tiefe rote Blüte
samtig gefächert
blühend Innen

weit und weich
freisein dabei
locker lassen
völlig überrascht sein

mein Herz hüpft
strömt und pulsiert
kreiselnd wirbeln beisammen
sowas von neu

januar, 2024

sicherer Hafen

Morgensonne scheint
Möwen segeln auf Böen
sitz in einem Café
schaue rauf zum Himmel

Hafenatmosphäre spürbar hier
feiner Sand geschlängelt
fühle dich in mir
Wolken wandern da oben

wie ist es
unsere Händen im finden
spür nach Innen
ein miteinander Sein

Komorane grüßen
warmes Schnarren aus Vogelkehlen
einer taucht auf
fliegt zu ner Buhne

was für ein Wandel Innen
rasend schnell
und zueinander finden
Unstimmigkeiten sind dahin

januar, 2024

großartig und bunt

die Landungsbrücken von Hamburg
Größe und quirliges Bunt
am Horizont ein türkiser Kran
dreht sich mit was am Haken

monumentale Speicherhäuser
laufe an ihnen entlang
innen gerichtet mein Sehen
neues begegnet mir

vorbeiziehen von allerlei
Gesichter tauchen auf
alles geht durcheinander
weiß nicht wie und wer

das Gute daran
es darf genauso so sein
das Gewimmel auf der Elbe vorhin
passend zu meinem Innen 1:1

mich tief berühren lassen
ein Wachsen erleben dabei
in meine Größe sprießen
kurz Gewohntes vorbei

anders ist es derzeit nicht
Weiblichsein aus meiner Mitte
so spüre ich mich
Antenne empor gereckt

was ist das dort
fliegt mir direkt zu
ein Komoran im Schweben
landet neben mir

februar 2024

Vorahnung

wie sanftes Wiegen
wenn ich mir vorstelle
so nahe zu sein
schwummrig ists dabei

Vogelschwarm entschwunden
über der Promenade
taucht woanders wieder auf
alles in Sekunden

am Strandstück spürte ich
mein rot blühendes Herz
dachte an Begegnen
werd schon sehen

drehe mich um
nur einen Augenblick
Gefühle strömen durch mich
wie Fische die Elbe

Geländer der Landungsbrücken
da fühle ich mich wohl
schaue in den Trubel
weißes Segel schiebt vorbei

da wusste ich noch nicht,
dass wir uns treffen
du dich zu mir stellst
einfach so daneben

völlig durcheinander
dennoch Klarheit und Frieden
Annehmen von alledem
von ihm völlig überrascht sein

februar 2024

Spiegel

offene Begegnungen
jeden Tag neu
erlebe Vielfalt dabei
lasse sie geschehen

laufe am Strand
schaue in die Ferne
blau grüne Wellen
Spiegelungen im Sand

mein Geheimnis als Frau
tief in mir ruhen
bis es sich zeigt
Bilder lesen dabei

empfange was kommt
spüre mein Beben
was zu mir strömt
passt´s, werd ich mirs nehmen

februar 2024

in Bewegung

es ist was los in mir
ein unendlicher Energiestrom
der nie versiegt
an Fahrt noch zunimmt

Quelle sprudelt unaufhörlich
spüre wie sie überquillt
pastellige Töne am Himmel
Vögel, die vorüber ziehen

alles darf neu werden
so spreche ich zu mir
es anders machen
offen sein dafür

eine Frage innen
wo zeigt er sich mir
will es so, verehrt mich
kommt und bleibt

februar 2024

Swinemünde

fahre durch den Wald
am anderen Ende ist Polen
die Promenade noch leer
ein sonniger Morgen

immer weiter geradeaus
ein Leuchtturm taucht auf
Weiß der skandinarvischen Fähre
schiebt entlang der Bäume

in der Ferne Kräne
drehen sich im Schiffe laden
farbige metallene Riesen
spielend leicht die Lasten tragend

eine Windmühle an der Mole
Menschen schlendern dahin
Wasser glitzert in der Sonne
schwappt zum Uferand

sitze auf nem Baumstamm
einen Apfel essend
er ist süß und spritzig
Blick schweift zu den Schiffen

Farbe hier im Wasser
bunt schillerts darin
säumt das Ufer schwappend
kleine Hölzchen schweben dahin

schaue zu wie`s rythmisch wiegt
Wind kräuselt an der Wasserhaut
ein Komoran taucht auf
und fluppt gleich wieder runter

februar 2024

quirliges Sein

wieder auf der Promenade
buntes quirliges Treiben
Menschen ziehen entlang
Musikanten spielen von der Seite

Kinder sausen mit Rollern rum
Hunde schnuppern an Rändern
eine Dame, ihr Gesicht in der Sonne
Pärchen schlendern zusammen

in mir ein Durcheinander
schon früh am Morgen
lausche nach Innen
spüre reges Fließen

was ist los und was macht es in mir
seit ich am Meer lebe
täglich dort spazieren gehe
blühen und wachsen wie nie

tief und ungebremst
sausen alle Gefühle
kunterbunt durcheinander
immer anders und wild

februar 2024

Strandgang

Ich laufe über den letzten Strandzugang von Bansin und schaue links und rechts zu den Rosen. Es zeigen sich erste hellgrüne winzige Spitzen an stacheligen Stängeln. Ich streife vorsichtig mit meinen Fingern darüber, sie fühlen sich sehr weich an.
Ich gehe weiter meinem gewohnten Weg entlang, komme zum Strand und betrete sandigen Boden.
Wie jeden Tag, fasziniert mich die Weite und Schönheit der Landschaft. Das Meer breitet sich vor mir aus, Wellen rollen bis an meine Füße.
Das Wasser erstreckt sich heute in einem blaugrau und formt sich zu mittelgroßen Bergen. In der Ferne zeigt sich eine bunte Kette großer Tankerschiffe.
Sie warten dort, bis sie in den Hafen von Swinemünde einfahren können, um ihre Transportladung zu empfangen oder etwas dazulassen.
Ein Umschlagplatz etlicher Warensendungen, die wir täglich kaufen können in verschiedenen Läden und gewohnheitsmäßig nutzen.
Ich atme tief die klare Luft ein und beginne in Richtung Steilküste zu laufen. Vor und hinter mir sehe ich nur ganz vereinzelte Spaziergänger. Hunde springen dazwischen herum, jagen hinter fliegenden Stöcken her. Sie freuen sich durch den Sand zu rasen.

Gar mancher Hund springt auch schon mal ins Wasser hinein und schwimmt zu seinem Ball, den er dann schnappt und mit zum Ufer bringt.
Dort steht er dann und lässt ihn fallen, schüttelt alles Wasser aus dem Pelz.
Zahlreiche Wassertropfen spritzen im weitem Bogen.
Ist das Fell halbwegs trocken, ist er wieder bereit, schaut sich um, wer ihm den Ball erneut wirft.
Und alles beginnt von vorn, wieder und wieder. Ich spüre die Kraft und die Lebensfreude des Tieres. Ab und an jagd er auch einmal übermütig hinter einer Möwe her, keine Chance, sie fliegt schnell in Richtung Himmel auf und davon.
Ich bin ganz still und spüre in die Atmosphäre die sich um mich herum ausbreitet.
Wolken schweben am Himmel, er ist verschiedentlich grau und ab und an ein blaues Blitzen dazwischen. Das Sonnenlicht ist spürbar hinter den Wolken.
Ich gehe am Meersaum entlang und genieße den Anblick bunter Muschelketten, besonders mag ich das Vanillegelb. Links von mir erstreckt sich die Steilküste, mit ihrem sandigen Boden und windschiefen Kiefern Ketten.
Ab und an rast ein Hase quer durch. Dieser ist dann schnell hinter einer Kiefern Gruppe oder Buschhecke meines Blickes entschwunden. Rechts von mir im nun blaugrünen Meer tauchen immer mal Komorane auf und dann wieder schnell unter.
Es sieht geschmeidig aus, wenn sie Schwung holen, ihren Körper krümmen und unter das Wasser tauchen.

Dort schwimmen sie und jagen ihre Fische.
Vereinzelt sitzen sie auf Buhnen und haben ihre Flügel zum Trocknen weit ausgebreitet. Hin und wieder wedeln sie damit, um sie schneller wieder zu trocknen.
Gerade taucht ein Komoran an einer Buhnenkette empor, fliegt hoch und hockt sich neben die anderen.
Er wird mit einem warmen schnarrenden Ton von seinen Artgenossen begrüßt.

Ich spaziere immer weiter meinen gewohnten Strandweg entlang.
In mir ist Leichtigkeit und ich lausche dem Rhythmus der Wellen.
Sie rollen unermüdlich auf den Sand, hin und wieder eine bunte Scherbe, einen Feuerstein oder sonstiges zurücklassend.
Die Luft ist kühl, sehr klar und ganz fein schweben nun Schneeflocken vom Himmel.
Der Schnee taut sofort im Ankommen auf dem Boden.
Ich schaue eine Weile dabei zu, gehe immer weiter und entdecke plötzlich einen kleinen Aal, der im Sand direkt vor meinen Füßen liegt. Ich bücke mich, nehme das Tier auf die Hand und sehe ihn mir an.
Sein kleines Mäulchen bewegt sich ganz leicht, seine Augen öffnen sich und sind sehr blank. Er beginnt zu zappeln auf meiner Hand.
Sein Anblick berührt mich sehr.
Ich ziehe Socken und Siefel am Meersaum aus, krempel meine Leggings hoch, steige ins Nasse und lasse den kleinen Aal schwimmen.

Er ist fluchs in der Tiefe verschwunden.
Das Wasser ist kühl und zwickt mir an den Knöcheln.

Der Sand ist weich, Wellen schwappen an die Waden und ich erinnere mich an den Sommer. Täglich steige ich an den warmen und auch kühleren Morgenden ins Meer um zu schwimmen. Am liebsten in den sehr frühen Morgenstunden, wenn der Strand noch menschenleer ist. Die Möwen sitzen dann friedlich auf den Buhnen und schauen in die Ferne. Die Sonne lässt das Wasser zwischen den Wellen goldweiß glitzern. Genau in diesen Lichtstreifen steige ich so gern ins Meer hinein.
Dabei spüre ich die frische Kühle immer höher meinen nackten Körper emporsteigen. Ab Bauchhöhe atme ich einmal tief ein, lasse mich ins Meer sinken und beginne zu gleiten. Genau in diesem Goldlichtstreif finde ich mein Morgenbad besonders erquickend. Kleine weiße Federn schwimmen vorbei.
Schaue ihren sanftem Wippen zu. Ich schwimme tiefer raus aufs Meer, immer weiter der Sonne entgegen, tauche in goldenes warmes Licht ein.
Ich sehe vor mir eine Kette von Komoranen auftauchen.
Ich schwimme meine Bahnen zwischen zwei der Buhnen und schaue den schönen schwarzen Vögeln zu. Einer nach dem Anderen taucht wieder unter und sie beginnen damit, Fischen hinterher zu jagen, erbeuten ihre natürliche Nahrung.

Neben mir taucht ein Komoran sogar sehr nahe auf, schaut sich um und fluppt gleich wieder unter. Ich fühle eine starke Verbundenheit mit dem Meer, dem Himmel, der Insel, den Komoranen und überhaupt mit allem was ist.
Ich gleite durch das Wasser und genieße die Schwimmbewegungen, mein Freisein dabei. Ein magisches Gefühl auf den Wellen rücklings zu wippen, mit Blick hoch in die Lüfte. Lauter Seevögel kreisen über mir, Wildgänse laut schnatternd bilden eine Kette.
Ab und an streift mich eine Qualle an den Beinen.
Ich spüre die sanften Stupse dieser Lebewesen.
Sie waren für mich schon als Kind geheimnisvolle Wesen, mit einer eigenartigen Konsistenz und ihren schirmartigen auf- und zuzieheneden lautlosen Bewegungen.

Ich stehe immer noch im Wasser, der kleine Aal ist längst schon meinen Blicken entschwunden und erkundet den Meeresgrund.
Vielleicht findet er da unten auch wieder zu einer Gruppe.
Ich wünsche ihm alles Gute, wo auch immer er in den unteren Wasserschichten herumsaust.
Sehe ihn bildlich vor mir zwischen Seegras durchschlüpfen und sich mit zahlreichen anderen Fischen tummeln.

Zurück am Strand ziehe ich Socken und Stiefel wieder an und bemerke wohliges Erwärmen meiner Füße. Für heute beende ich meinen Strandgang in diese Richtung, drehe mich um und genieße den Rückweg nach Hause.

februar 2024

hüpfende Dohle

Heute Morgen betrat ich den Strand und bemerkte Nebelschwaden, die vor den Dünen dahinzogen. Dazu schien die Sonne wolkenfrei vom Himmel.
Es war eine geheimnisvolle Stimmung. Ich lief am Meeressaum entlang und verspeiste ein Haselnussbrötchen. Es schmeckte ganz vorzüglich.
Es dauerte nicht lange und neben mir landete schwebend, mit weitgespreizten Flügeln eine Dohle.
Sie begann um mich herum zu hüpfen und schaute mich an.
Ich teilte mit ihr das Brötchen, warf ihr immer mal ein kleines Stück zu.
Sie hüpfte hoch und fing es geschickt mit dem Schnabel.
Es sah so witzig und spielerisch leicht aus.
Ein Mann lief an uns vorbei, lächelte und fragte mich ob er von uns ein Foto machen dürfte. Ich sagte ihm, dass es in Ordnung wäre.
Ich warf ein kleines Stück vom Brötchen zur Dohle, sie hüpfte hoch und fing es nochmals mit ihrem Schnabel.
Der sympathische Mann lächelte mich an, er freute sich sehr über den Schnappschuss mit seinem Handy.
Er rief fröhlich: „Super. Dankeschön." und ging weiter.
Es gibt immer wieder Begegnungen, kurze oder längere, die wahre Geschenke sind und mit einem schönen Gefühl in uns nachwirken.

Ich ging schmunzelnd weiter, hatte ja eben so einen. Neben mir hüpfte die Dohle und fing geschickt kleine Stücke vom Brötchen, bis es dann irgendwann verspeist war. Noch eine Weile war sie mein Begleiter, ich nahm sie um mich wahr. Ihr Gefieder glänzte seidig in der Sonne.
Irgendwann flog sie davon.
Es war verlockend warm, die Sonne schien hell vom wolkenfreien Himmel.
Ich beschloss schwimmen zu gehen. Daraufhin zog ich mich aus und stieg nackt ins Meer. Es war wunderbar und prickelnd kalt zugleich.
Ich atmete tief ein und ließ mich ins blaue Wasser hineinsinken und begann ein paar Züge zu schwimmen.
Wunderbar. Nach kurzer Zeit ging ich fröstelnd zurück zum Strand, nahm das Handtuch und rubbelte mir die Haut trocken.
Einen Moment stand ich noch in der Sonne, spürte auf meinem Körper den weichen Wind entlangstreifen.
Dann schlüpfte ich in meine Sachen und lief barfuß am Meersaum zurück. Ich empfinde diese Momente, inmitten der Natur, mit den Seevögeln und anderen Tieren, sehr kostbar und kraftspendend.
Einfach in die Weite schauen, gefühlt endlos und tief in meine Lungen die klare Luft einatmen, ist ein ganz tolles Gefühl.
Ich spüre mein Glücklichsein, mit allem Verbundensein am Meer.

Etwas entfernt eine Dohle an einer Seepfütze, taucht ihren Schnabel trinkend ins Wasser.
Mein Herz strömt ganz warm, als ich ihr dabei zusah.
Es sind die kleinen Momente, die uns Überraschungen und Freude schenken. Wieder und wieder, einfach so, auf ganz natürliche Weise.

8. april 2024 (Sonnenfinsternis)

über die Schwelle

Vor mir erstreckt sich ein endlos dunkler Gang,
Spinnweben hängen von der Decke.
Hier war schon lange keiner mehr.
Meine Schritte hallen. Ihr Echo lässt mich erschauern und die feinen Härchen auf Nacken und Armen stellen sich hoch. Ich gehe immer weiter und höre nach einiger Zeit glucksende Geräuche aus einem rostigen Abflussrohr.
Der Hall meiner Schuhe mischt sich dazu.
Ich schaue mich um, keine Tür zu sehen weit und breit.

Dafür erklingt jetzt über mir ein Saxophon, vermutlich aus einem Zimmer im Gang oben drüber. Die Musik ist wunderschön, spielerisch – leichte Töne umschmeicheln mich.
Sie haben sofort eine beruhigende Wirkung.
Mir ist, als wäre alles plötzlich heller.

Nicht mehr so trostlos wie zuvor.

Ich gehe immer weiter, geradeaus – der Nase nach - eine andere Möglichkeit sehe ich nicht, um endlich anzukommen. Doch dann, unweit vor mir, rechter Hand, entdecke ich eine Tür.

Fast wäre ich wieder umgekehrt.

Der Gang kam mir so endlos weit, dunkel und verlassen vor.
Ich bleibe stehen und schaue auf das Schild neben der Tür.
Die Zimmernummer stimmt mit der auf meinem Schlüssel überein.

Glück gehabt! Geschafft!

Es gibt sie ja doch, diese Tür für mich.
Ich bin erleichtert und entspanne mich merklich.
Noch einen Moment sammel ich mich und lege dann behutsam meine Hand auf die matt goldene Klinke.
Meinen Transponder halte ich ans Schloss darunter.

Auch diese Tür vermittelt mir wieder den Eindruck, dass hier schon lange niemand mehr gewesen war.
Diese Erkenntnis bringt mir ein mulmiges Gefühl zurück und lässt mein Herz schneller schlagen.

Ich gebe mir nen Ruck, drücke die Klinke ganz runter und schiebe entschlossen die Tür auf.

Das ging ja leichter als gedacht.

Du liebe Güte, ich halte glatt die Luft an bei dem Anblick, der sich mir bietet.
Ein wirklich schöner heller Raum und randvoll mit Energien der Inspiration.

Ich spüre ihr quirliges buntes Vibrieren.

Weit entfernt ist dieser Eindruck von meinen Befürchtungen, die zuvor in mir herum geisterten. Sie sind mir förmlich unter die Haut gekrochen und steigerten mein Unbehagen maßlos.

Ich bin so platt und völlig sprachlos – überrumpelt passt auch.

So stehe ich noch eine ganze Weile auf der Schwelle. Das ist er also, mein Raum unendlicher Inspiration und Farbigkeit.

Im Herzen spüre ich ein Gefühl von weich, weit & angekommen sein.

Sogleich setze ich mal einen beherzten ersten Schritt mitten da hinein.

april 2024

Morgenbad & Schwanenpaar

Ich war heute zwei mal kurz hintereinaner im Meer auf dem Rücken liegend schwimmen.

Es war am Morgen windig und im Wasser eine starke Unterströmung.
Ich hatte Mühe beim hineingehen, mein Gleichgewicht zu halten.
Es brauste gar ordentlich. Ich schwamm rücklings und schaute hoch zum Himmel.
Kam eine größere Welle, sprang ich schnell auf meine Füße, um den sich auftürmenden Wellenbergen auszuweichen. Das kalte Wasser prickelte gar ordentlich.

Ich ging nach kurzer Zeit wieder zum Ufer und stellte mich eine Weile in die Sonne.
Sie wärmte und der Wind strich mir weich über die Haut.
Als ich trocken geweht war, zog ich meine Kleidung an.
Ich schaute weit aufs Meer hinaus. Von außen betrachtet wirkte es viel sanfter.

Ein Schwanepaar wippte über die Wellen. Eng hintereinander schwammen sie.
Der Vordere putzte gar gründlich sein Gefieder und drehte dabei anmutig seinen Hals.

Er rieb ihn wieder und wieder durchs Gefieder.
Manchmal pausierte er und legt seinen Kopf zwischen die Flügel.
Er ruhte so und wippte - ähnlich einem Boot - übers Wasser.

Der Hintere von Beiden, reckte seinen Hals ganz lang, kerzengerade nach oben und schaute um sich.
Aufmerksam entging ihm nicht die kleinste Bewegung.
Auch er schwamm im auf und ab der Wellen.
Manchmal sah ich die Beiden hinter sehr hohen Wellenbergen nicht mehr.
Sie bewegten sich immer weiter weg vom Ufer.

Der Himmel leuchtete sehr blau und spiegelte sich zu graugrün im Wasser wieder.
In der Ferne nahm ich zwei weiße Punkte darauf wahr.

Langsam schlenderte ich am Meeressaum entlang - bis zum nächsten Strandaufgang.
Dort hatte ich sehr früh am Morgen mein Fahrrad abgestellt.
Bevor ich zurückfuhr, band ich einen Knoten in meinen amarenafarbenen Rock, damit er sich während der Fahrt nicht in den Speichen verheddert.

Die Anmut der Schwäne berührt mich jedesmal wieder.

april 2024

Pusteblume

In den frühen Morgenstunden fuhr ich mit dem Fahrrad am Achterwasser entlang.
Rohrhalme bogen sich mit dem Wind und immer mal entstand dadurch eine Lücke.
In diesen Momenten konnte ich direkt übers Achterwasser schauen.
Wildgänse wippten über blaue Wellen. Orangerot leuchteten ihre Schnäbel.
Manches Gänsepaar hatte seine graugefiederten Jungen in die Mitte genommen und sie machten erste Ausflüge zusammen. Die Eltern passten dabei sehr gut auf ihren Nachwuchs auf und reckten dazu immer mal die Hälse hoch zum Himmel.
Hinter mir, ich drehte mich immer mal um, waren Kanäle zwischen Wiesen und Felder gezogen.
Es spiegelte sich in ihrem Wasser, der blaue Morgenhimmel darin.
Froschkonzerte ohne Ende tönten von den Rändern.
Ich blieb stehen, um ihnen eine Weile zuzuhören.
Erster burgunderroter Mohn flatterte zum Wehen des Windes.
Das Gras schimmerte in seidigen Wellen.
Unzähliger Löwenzahn stand schmückend zu beiden Rändern, zarte Schirmchenkugeln in reicher Anzahl.
Sonnengelbe Blüten entdeckte ich vereinzelt darin.
Ab und an machte sich ein Samen der Pusteblume auf die Reise.

Sie können lange Strecken zurück legen. Ich hörte einmal, bis zu Hundert Kilometer. Wer weiß. Bei feuchtem Regenwetter schließen sich die feinen Schirmchen und sie landen auf der Wiese, in einem Baum oder wo auch immer.
Wird es wieder sonniger, trocknen sie, fächern sich weich auf und dann geht sie weiter ihre Reise. Das wiederholt sich so lange, bis sie ihren bestimmten Platz finden, um endgültig darin zu versinken. Das sind vielfältigste Orte, können auch klitzekleine Straßenrisse sein, wo irgendwann dann der sonnengelbe Löwenzahn blüht. Unsere Blicke werden genau dahin gezogen. Es berührt jedesmal neu, wo überall tatsächlich noch ein blühender Löwenzahn und später seine weiche Pusteblume erscheint.
Eine weite Reise unternahm das fliegende Schirmchen davor...

mai 2024

Nachklang

Im Lesen meiner Texte – teils entstanden sie noch in Thüringen, wo ich bis vor 3 Jahren lebte – fühle ich mich wieder in die jeweilige Situation versetzt, erlebe sozusagen eine Zeitenreise.

Innere Bilder tauchen empor, begleitet von meinem bunten Fühlen.

So als wäre der Moment, den ich in meinem Buch gerade beschreibe, noch einmal einen Augenblick da. Somit ist das Buch auch eine Art Tagebuch in gemalten Bildern und Sprache.

Alles floss im jeweiligen Augenblick aufs Papier, der mir immer ausgesprochen wichtig erschien und in seiner jeweiligen Textgestaltung wertvolle Botschaften enthält.

Es ist wie ein schwingendes Ineinanderfließen von aufeinander aufbauenden Aussagen.

Ich wünsche Dir im Lesen Freude, vielleicht ein Erkennen von Ähnlichem oder auch frische, neue Impulse.

Mag sein, Du entdeckst etwas, was Deine Sicht ein Stück weiter macht, Erinnerungen an deine Wünsche und Träume auffrischt, deine Segel mutig – in deinem für dich stimmigen Wind – ausrichten lässt.

Lass es fahren, dein Lebensschiff und vertraue dabei deiner inneren Führung und den kosmischen schwingenden Energien.

Staune auf deiner bunten Reise über „die großen und auch kleinen Wunder“ und nährenden Begegnungen unterwegs.

Jeden Tag und jede Nacht hält die Natur Wunder bereit, deckt uns sozusagen einen reichhaltigen Tisch.

Sei es der feuerrote Sonnenuntergang, der spielerische Segelflug eines Vogels überm Meer, eine zarte erste Knospe im Wald oder ein fülliges Blütenmeer.

All das sind Geschenke, die wir dankbar betrachten können.
Jeden Tag zu jeder Stunde sind sie da, vom detaillierten kleinen Wunder bis hin zu atmosphärischer Weite.

Achtsam in der Natur verweilen, entspannen da und dabei unsere Träume und Wünsche fühlen – sie einfach da sein lassen - ohne „wenn und aber“.

Wenn wir am Abend zum sternenübersäten Himmel schauen, können wir unsere Wünsche und Träume freilassen in den unendlichen Kosmos und in dem vollsten Vertrauen, DASS ALLES ZU UNSEREM BESTEN geschieht. Wenn es wirklich für uns so sein soll, werden sich unsere Wünsche erfüllen und unsere Träume wahr werden.

Wir dürfen weich und weit, überaus lebendig und vielfarbig sein.

Wir dürfen einfach SEIN.

Herzliche Grüße,
Heike Dittrich

Melde dich gern über meine Internetseite:
www.dittrich-art.de oder über meinen Instagramkanal

@HEIKEDITTRICHBANSIN